Walt Disney's

Doornroos

ILLUSTRATIES DOOR **SUE DICICCO**
HERSCHREVEN DOOR **MICHAEL TEITELBAUM**
UIT HET ENGELS VERTAALD DOOR **MASCHA DE VRIES**

EEN GOUDEN BOEKJE

RUBINSTEIN

ISBN 9789047600312

Published by Rubinstein Publishing bv, Amsterdam by arrangement with Random House Children's Books, a division of Random House, Inc., New York, New York, U.S.A.
Opmaak Roel Siebrand

Lang geleden, in een land hier ver vandaan, leefden koning Stefan en zijn vrouw. Op een dag werd er een mooie prinses geboren en ze noemden haar Aurora.

Om de geboorte van het prinsesje te vieren hield de koning een groot feest. Edelmannen, boeren, ridders en hun jonkvrouwen kwamen naar het kasteel.

Koning Stefan heette zijn goede vriend koning Hubert welkom op het feest. Koning Hubert had zijn zoon Philip bij zich. De koningen spraken af dat hun kinderen op een goede dag met elkaar zouden trouwen.

Onder de gasten bevonden zich drie goede feeën: Flora, Fauna en Mooiweertje. Elke fee mocht het kind zegenen. Flora zwaaide met haar toverstok en sprak: 'Ik wens dat dit kind opgroeit tot een schoonheid.'

'En ik wens,' zei Fauna, 'dat ze schitterend zal kunnen zingen.'

Nu was Mooiweertje aan de beurt maar voordat ze haar wens kon uitspreken, vlogen de kasteeldeuren open.

Er was bliksem. Er klonk donder. En een klein vlammetje groeide razendsnel uit tot de gedaante van de kwaadaardige fee Malafide. Haar huisdier, een raaf, rustte op haar schouder.

Malafide was woest omdat ze niet uitgenodigd was voor het feest.

'Ook ik zal dit kind iets schenken,' sprak ze onheilspellend. 'Ze zal inderdaad uitgroeien tot een schoonheid. Maar voordat de zon ondergaat op haar zestiende verjaardag zal ze haar vinger prikken aan de spoel van een spinnewiel… en sterven.'

Met een wrede lach verdween Malafide in het niets. Iedereen in de zaal was diep bedroefd.

Mooiweertje had gelukkig nog een gift te vergeven en ze probeerde Malafides vloek ongedaan te maken.

Ze zei tegen de baby:

'Lieve prinses, jij geraakt in diepe slaap
en zal niet sterven door iemands wraak.
Jij sluimert in serene rust
en zal ontwaken door een echte liefdeskus.'

Koning Stefan gaf de opdracht om alle spinnewielen in het land te verbranden.

Maar hij was nog steeds bang voor de vloek van de boze heks. De goede feeën smeedden daarom een plan. Ze zouden Aurora meenemen naar het bos waar ze tot Aurora's zestiende verjaardag zouden wonen, veilig ver weg van Malafide.

De koning en koningin stemden in met het plan. Met pijn in hun hart keken ze de feeën na terwijl ze het kasteel verlieten, met de babyprinses in hun armen.

Om hun geheim te bewaren vermomden de feeën zich als boerinnetjes en veranderden Aurora's naam in Doornroosje.

De jaren gleden rustig voorbij en Doornroosje veranderde in een beeldschone jongedame.

Eindelijk brak de dag aan dat de prinses zestien zou worden. Om haar te verrassen, stuurden de feeën Doornroosje naar buiten om bessen te plukken. Ondertussen bakte Fauna een taart en Flora en Mooiweertje naaiden een nieuwe jurk voor haar.

In een vallei bedekt met mos danste Doornroosje en ze zong met haar vrienden, de vogels en dieren. Ze vertelde hen over haar heerlijke droom waarin ze een lange knappe vreemdeling ontmoette, waar ze verliefd op werd.

Net op dat moment reed er een knappe jongeman voorbij. Toen hij Doornroosje hoorde zingen, sprong hij van zijn paard en verschool zich in de bosjes om naar haar te kijken. Toen stapte hij naar voren en pakte haar hand.

Doornroosje schrok op. ‘Ik wilde je niet bang maken,’ zei de man, ‘maar ik heb het gevoel dat we elkaar eerder hebben ontmoet.’

Doornroosje was zo blij. Zij en haar aanbidder keken elkaar diep in de ogen. De jongeman wist niet dat zij Prinses Aurora was. En Doornroosje wist niet dat de man Prins Philip was, aan wie ze was beloofd toen ze nog klein was.

Terug in het huisje gaven de feeën Doornroosje haar verjaardagscadeaus. Toen vertelde Doornroosje dat ze verliefd was geworden.

'Onmogelijk!' riepen de feeën. Ze vertelden haar de waarheid, dat ze een prinses was en dat ze bij haar geboorte al beloofd was aan een prins. Het was tijd om naar huis terug te keren. Arme Aurora werd meegenomen naar het kasteel terwijl ze alleen maar kon denken aan de knappe vreemdeling.

Malafides raaf zat op de schoorsteen het gesprek af te luisteren en hoorde alles. Hij vloog weg om Malafide te waarschuwen dat Aurora eindelijk naar huis zou terugkeren.

Ze haastte zich naar het kasteel en gebruikte haar kwade krachten om Aurora een hoge toren in te lokken. In een klein kamertje stond plotseling een spinnewiel.

'Raak de spoel aan,' siste Malafide. 'Kom, raak het aan!'

De drie goede feeën probeerden Aurora te redden maar het was te laat. Aurora had zich geprikt aan het spinnewiel en was onmiddellijk in een diepe slaap gevallen. Malafides wrede vervloeking was uitgekomen. Met een weerzinwekkende lach verdween de slechte fee.

De feeën huilden.

'Arme koning Stefan en arme koningin,' zei Fauna.

'Hun hart zal breken als ze ontdekken wat er is gebeurd,' zei Mooiweertje.

'Dat zal niet gebeuren,' zei Flora. 'We gaan het hele kasteel in slaap toveren todat de prinses zal ontwaken.' Aldus vlogen de drie feeën heen en weer door het kasteel en ze toverden iedereen naar dromenland.

Ondertussen had Malafide Philip gevangen genomen en hem opgesloten in haar kelder.

Maar de goede feeën hadden andere plannen met hem. Ze gebruikten hun magie en verlosten hem van de zware kettingen. Ze bewapenden hem met het Schild der Goedheid en het Zwaard van de Waarheid. Toen stuurden ze hem naar het kasteel om de prinses wakker te kussen.

De gemene fee zag Philip ontsnappen en begon keien naar hem te slingeren. Maar de dappere prins reed snel door.

Toen Philip aankwam bij Aurora's kasteel, toverde Malafide een bos van doornen rondom het kasteel maar Philip hakte ze om met zijn machtige zwaard.

In haar woede vloog de kwaadaardige heks naar de top van de hoogste toren. Daar veranderde ze in een monsterlijke draak. ‘Nu zul je mij moeten verslaan, oh prinsje!’ gilde ze.

Malafide spuwde enorme vlammen en Philip dook weg achter zijn sterke schild.

Donder en bliksem! Vlammen sloegen om hem heen. De prins vocht zo moedig! Geholpen door de magie van de goede feeën wierp de prins zijn zwaard precies in het hart van de draak en het beest viel dood neer. Malafide was verslagen.

Philip haastte zich naar de toren waar zijn grote liefde lag te slapen. Hij kuste haar teder. Aurora's ogen gingen langzaam open. Iedereen in het kasteel ontwaakte. De koning en koningin waren dolgelukkig toen ze hun dochter weer zagen en de trouwplannen waren snel gemaakt.

De drie goede feeën waren ook verrukt; alles was op zijn pootjes terecht gekomen... eind goed, al goed!